오래가는 북극

권혁연 시집

시인의 말

기억을 이기고
생활이 지속되기를 바랐다.

차례

시인의 말

1부

손 안에 달걀	10
구르면 다 꽃이다	12
꽃들이 오고 있다	14
나는, 봄	18
아침의 기분	20
주춤주춤 나를 만들어	22
오래가는 북극	24
장르	26
뻔한 스토리	28
콩나물은 물만 먹고 자라도	31
카페에는 올리브 빵나무가 자란다	33
내 기분은 만만	35
파란 단추	37
오후 3시 한 다발	39

2부

내가 많아서 좋아	44
수용 생활	46
두부 밤 고양이 그리고 다정	48
전갈의 밤	50
03	52
시인의 방	54
기분이 부서질까 봐	56
흰 산	58
흰하루살이	60
생크림 운동장이에요	62
흐르는 사람들	64

3부

지구 바깥으로 간 행주   68
십이지   70
제사   72
꽃과 생활   74
꽃과 생활   76
꽃과 생활   78
참외꼭지전쟁   80
품의서   82
파이팅 크리스마스   85
천연굴   87

4부

운동장   92
차를 마시는 현상   94
장미여관   96
꽃과 생활   98
음머는 길다   100
아카시아 향기가 부르는 밤   102
검은 정원   104
사루비아   106
무화꽃이 피었습니다   108
다시 새   110

5부

따뜻한 입구	114
이름 없는 사람들	116
우쿠가 맛있는 버섯구름을 완성했습니다	118
신종말론	120
과줄 알바	122
모자란움직씨의 생활동화	125
광명마을에는 바닥별이 산다	127
이 이야기는 사랑 얘기다	129
무당거미가 이사를 갔다	132
페르소나	134
혀는 상상한다	136

1부

손 안에 달걀

겨울 베란다에서 방금 꺼낸 달걀
떨면서 한 손을 웅크렸다

힘을 더하거나 다 놓지 못하고
둥글게 한 알을 보존시키는 이상한 감정에
내가 낳은 것인가

엉거주춤 서서 부화를 고민했다

놓아먹인 거며 성분을 꼼꼼히 따져 먹던 시절에는
부화하지 않을 뿐 그날의 선택을 믿었고
황백만 있어 신처럼 강했다

하루 한 개씩 무한 달걀을 깨 먹고
부활을 믿지 않는 신자처럼 아슬아슬 살면서

내일은 두 개의 동그라미가 완성될 것을
모레는 네 개의 동그라미가 완성될 것을 기원하였다

기원을 찾아 가면서 만들어진 동그라미들
난좌에 앉아 난황이 썩어 가고 냄새를 견디는 일상들
기도가 될 때까지 경계선 주변을 서성거렸다

날달걀은 나로부터 계속 멀어지고
나의 기원은 지금부터다 속으로 웃었다

부화를 기다리거나
삶을까 구울까 고민하는 생활 나는 지금이 좋다

동그라미 안이든 밖에서든 마찬가지다

구르면 다 꽃이다

눈이 없는 마을에 눈이 내려 기분이 앞장을 서서 간다

선물 꾸러미처럼 군데군데 쌓아 놓은 눈 더미들

지나간 발자국 지나온 발자국들
왼발을 갖다 대 보다 오른발을 대 보다
커서 심심해졌다 작은 건 미안했고 비슷한 건 곤란하다

쌓인 무늬들 맨 위 발자국 금세 밟히겠지
거꾸로 대 보고 그림을 그려 보다가

답 없는 직소퍼즐은 이쯤에서

유리 지바고가 되어 눈 덮인 운동장을 돌았다
가장자리를 발끝으로 파면서

흰 복판에 뛰어들지는 못하고

강아지랑 아이를 데려왔어야 했나
빠르게 뒤로 걷는다면 돌아올지도 몰라
주위를 살피다가 엉덩방아를 찧었다

앉은 김에 누웠다 누운 김에 굴렀다
나를 기원으로 계속 구르면 얼마큼 커질까
발가락 빠는 아기자세로 나는 구른다

비둘기자세로 겨울을 날려 보낼까
개구리자세로 봄맞이할까

운동장 한복판에서 멈춘 시곗바늘

감았던 눈을 떠 보니 회청색 하늘이다
새벽인가 여기서 하룻밤을 샜나

놀라 등뼈에 달라붙는 발소리를 털고 굴러온 무늬를 본다

이만하면 꽃이다 꽃처럼 웃었다

꽃들이 오고 있다

흰하루살이 떼가 창밖을 날아올라
꽃들이 앞지르기 전에 느린 기차를 탔다

출발부터 터널터널터널
짧은 터널 긴 터널이 재생되었다

의자를 믿어 보자고 창가 쪽
빈자리에 이리저리 옮겨 앉았다

장면은 비슷했다 동생과 나란히
객실 내 경치로 돌아와

터널도 풍경이란 걸 내릴 때쯤 알았다

매우 느린 산 느린 들판 조금 느린 강 빠른 덤불 더 빠른 전
깃줄 보통 빠른 마을들 보통 느린 집 한 채 모노톤의 풍경
들이 뒤따라오다 말고 환해지며
정시에 가장 추운 역에 도착했다

고원 도시에 흰 눈을 쓰고 죽은 신이 살아 돌아왔다

신의 행차를 보면서 어른 아이들 눈먼 사람 눈 뜬 사람 말 못 하는 사람 말 좋아하는 사람 다리 저는 사람 다리가 많은 사람 슬퍼하는 사람 기뻐하는 사람 병든 사람 치료하는 사람 나아가는 사람 짖는 개 뛰는 개 2월의 토끼 모두가 목소리 팔다리 모자로 저마다의 환호성을 지르던 옛 영광은 반복되지 않았다

역전 관광 안내소를 채운 사람들이 차례로 떠나가고
벽에 붙은 큰 지도를 짚어 가며 고산 원정대처럼
곳곳의 날씨 사정을 캐물었다

사람들이 소품처럼 다니는 거리로 나왔다

상점 주인은 차도에 눈을 퍼 던지며 고수레
신성한 발길을 불러들였다

만나는 사람마다 발원지를 물었고
정확해서 신이 일러 준 보물을 찾아가는 기분이었다

일행들에게는 셔터를 눌러 주고
눈을 쓸고 있는 아주머니에게는 눈인사를

연못에는 소원 동전을 던져 친절을 갚았다

아내를 태워 대보름장을 나왔다는 노 택시 기사
이런 날은 개 고양이도 밖을 나다니지 않아요
행운을 잡아탔다는 생색이 좋았다

돌아가는 기차가 삼십 분 연착돼 나빠졌는지
좋아졌는지 아무 일도 없는 건지

앉거나 서성이는 사람들 순간 비좁아지는 대합실
고요한 둥근 소리들의 저녁

열차가 밝고 따뜻한 불을 성화처럼 앞세워 달려오고 있다

꽃들이 언제 도착해도 괜찮을 거 같다

나는, 봄

바람에 꽃 끝이 오그라들 것 같은
미세 먼지가 빗물에 씻긴

오후이면서 세 시

아지랑이 낀 심장을 따라서
어디나 무엇 없이

편의점 삼거리에서 세 번 큰 사거리에서 네 번

방금 놓친 게 무지개 꼬린가요

지금 횡단보도에서 눈 맞추는 건 쌍둥이 유아차에
졸고 있는 아기들이에요

시계처럼 서 있는 신호등을 건너서
시계 톱니처럼 오가는 차들과 나란히

보드를 타고 광장을 달리는 아이들 여학생들 웃음소리를 지나
봄을 걸어갑니다

나무가 털어 낸 물방울이 눈두덩을 때리고
보도블록 웅덩이 속 구름을 건너

오고 있는 봄인가요
눈앞이 환해졌습니다

어린분홍이른분홍들빠른노랑노노오랑빠빠알강아네모르네보라라벤더팬지보라파란수국파파아랑수레국나도바람꽃치자하하얀향기숲

꽃집들의 숲입니다
큰 웃음 작은 웃음들이 팡팡 터집니다

봄이 부족한 나는 바질나무를 골라 와
식탁 위에 놓았다 책상 위에 놓았다 볕바른 베란다에 둡니다

요람을 흔들어 초록 아기 냄새를 깨워 봅니다

아침의 기분 *

아침에 창문을 열어 여기저기
밤에 고여 있던 소리를 방류합니다

한 개의 문을 열면 만 개의 소리가 열립니다

파란 공기를 떨며 가르는 뱃고동 클랙슨 센 파도 여린 파도가 큰 도로를 문구점 앞 방지턱이 엇박으로 갈비탕집 환풍기가 바람을 만들고 바람이 풀어 먹이는 까막까치들 놀이터 느티나무가 넘겨주면 옆 동산이 받아서 동서남북으로 매미 떼가 밀고 들어옵니다

지니야, 아침의 기분 들려 줘

벌새처럼 콧구멍 허밍을 하면서 맨발 도장을 찍으며 베란다에서 거실로 서쪽 방에 잠들어 있는 동생의 얼굴을 확인하고 동쪽 방에 내 몸을 닮은 인견 이불을 다정히 갭니다

동쪽에서 서쪽으로 여름이 지나갑니다

발끝에서 심장으로 기분이 흘러갑니다

주전자에서 멜로디가 터져 나옵니다
아침이 끓어 넘치기 직전입니다

만 개의 소리가 고여 한 개의 소리가 됩니다

따뜻한 물을 부으면 유리 다관에

안개가 피었다
지는 시간

히비스커스 문이 열리는 시간

노란 종소리가 내 안에 꽃핍니다

* 〈아침의 기분〉: 그리그의 곡

주춤주춤 나를 만들어

하얀 질문은 길다 툭툭 썰기만 하면 왜 매일 둥글어질까
신호수의 호각 없이 왜 매일 굴러떨어져서

둥근 조각 하나가
아이나 쇠막대기 없이 바닥을 굴러 자기를 굴려

아무거나 신나는 리듬에 체중을 싣고서
아무 데나 거실 바닥에 소리 광장을 만들어

아침이 싱싱하게 굴러간다

원이 원을 그리고
원이 원을 지우면서 커졌다가
작아지다가 빨라지면서 제자리의 원무가 되는 곳

중심이 생긴다
시간이 졸고 있다

손잡지 않고 추는 춤에 반 바퀴는 무용해
비틀대다가 풀썩 주저앉으면 납작한 원 멈춤
춤추려면 다시 태어나야 하니까 다시 떨어져 다시 바닥을

추기 싫으면 지구를 기울여 어슷어슷 썰면 돼
계절을 만들어 살겠지 극지로 가 언제나 흰 밤 졸리지도 않겠지

주춤주춤 나를 만들어 구석구석 돌고 있으면
심심하지도 심란하지도 않아

의심은 왜 파란 움을 키울까 왜 자꾸 검은 숲이 되려는지
히드라의 뿔 자를수록 자라나 무덤이 되고

불에 구운 쇠 신을 신지 않아도 깨는 법을 몰라

잠자는 팽이는 돌고 돌고돌고돌고

오래가는 북극

마른 면을 뜯어 먹다가 단단하고 부서지기 잘하는 물성을
세우면 신선할까 오래갈까

나무 흙 철근콘크리트로 백년뼈대를 세우는 사람
별 꽃 바람으로 천년고택을 짓는 시인이 있다

마귀할멈 스프가 되다 만 과자 집 애들이 초콜릿 폭포 초콜
릿 강을 만들어 풍덩풍덩 놀다가 카스텔라 침대에서 마카
롱 꿈을 꾸는 오줌도 달콤한 전설이 있다

북극 마을 한가운데 아이스크림 집을 지을까
산양 젖을 짜내 설탕을 뿌려 꽝꽝 언 우유 얼음을 다듬질해
바람을 발라 붙이면 영원무궁 안 될까

아이들이 많은 집은 하루만큼씩 넓어지고
벽을 핥아 먹고 자란 아이들이 순록을 타고 나가 북극고래
와 돌아올 때쯤 아이스크림 집이 고래만큼 커져 있을 북극
에서는 될까

우리나라에 오래 사는 여름에
흔한 가벼운 녹을 걱정 엄청 되는

컵라면으로 집을 지으면
나보다는 오래가지 않을까

나는 점점 북극이 되어 가고 그래도 괜찮다

장르

버리는 것들을 살살 주워 나는 쓴다

국 끓이고 전 부치고 가끔 장식이 되는
빈집을 눈치채 척 들러붙어 온 것들이다

원목 책상 철제 의자 힘이 드는 가구류
전 주인 몸에 길들어 나를 끼워 맞추는 옷가지
주로 먹어 없어지는 쓰레기를 선호한다

보편적 쓸모를 잃어버린 못난이들이
하나의 장르를 만든다

크고 우묵한 접시에 물을 담는다
잘라 낸 무 윗동 당근 윗동 양배추 밑동 파 뿌리 미나리 뿌
리 싹 난 고구마 푸른 감자를 반쯤 물에 담근다

추문이 돌고 있다
고인 물 속을 버티지 못하고 무섭게 잘려 나간다

맹그로브는 물속에 심겨져도 오래간다
시작부터 쓰레기는 아니고

눈감을해 밤빛날별 노른달 둥글파꽃 알깬병아리 돌조개깨 먹을해달 하늘사자검독수리 떠돌바람 갈매기쫓을파도 물뿜을고래 그래그래박수칠아기는 변함없는 미문이다

잎사귀들은 잘라 먹고 사방 내뻗는 고구마 덩굴을 감상하고 더디 크는 감자 싹은 고독이려니 바라봐 주면서

이런 장르도 나쁘지 않네

버려질 용기만 기르면 될 거 같다

뻔한 스토리

어릴 땐 구미호 간 빼 먹는 얘기가 무서웠고
내 간을 파먹고 사는 지금 내가 구미호보다 으스스하다

바구미에게 물으니

평생 새에게 간을 파먹힌 신이 있고
남의 간을 꿀꺽하고 잠수하는 물고기가 있고
간 쓸개 찾아 어슬렁거리는 하이에나가 있대

길고양이는 왜 여기저기를 쏘다니는 걸까
고양이에게 물으니

간을 보고 다닌다고
신선한 간을 알아채는 공부 중이라고
자기 간의 신선도를 유지하기 위해서라고

어쨌든 간에

왼쪽 오른쪽 갸웃대는 꼬리 기분이 좋아서
실룩대는 흰 긴 수염 기분은 더 좋아서 간을 다 퍼 주고 싶다

오염된 간은 싫어

나를 간파하듯 고요한 눈동자

바라볼수록 미스터리에 스릴러물이라
판타지 멜로를 유도한다

나비야 나를 사귀자

나의 산꼭대기 외로움과 협곡에 갇힌 바람
고장 난 슬픔을 연습해 주세요
공기를 타고 흐르르는 너의 명랑성을 연습하겠어요

하루를 연습하다가 또 만난다면
다음 날 그 그 다음 날도 보게 된다면

물먹은 상추처럼 내 겨드랑이 펴질 거고
빼 줄 간이 있게 될 거고

낙타가 구미호를 낳다가 바구미로 환생하는 뻔한 스토리에
멜로를 만들어 즐거워 죽을지도 몰라

우리가 우리 될 확률은 바구미
한 쌍 바구미가 되어 검은 하늘을 보며
나란히 누워 쌀알 같은 눈을 온몸으로 받을 것이다

너는 너겠어요
나는 나겠어요

처음 본 계절처럼 하얗게 웃을 것이다

콩나물은 물만 먹고 자라도

간신히 사랑을 시작했는데 다 끝나 버린 느낌 알아요?

기억을 잃어버린 심장처럼
가만히 앓는다

아침 샤워를 했다 잘 크라고
머리부터 발끝까지 따뜻한 물을 흠뻑

시계처럼 이를 닦고 거울 얼룩을 박박 닦고 쌀을 씻어 안치고 찬물을 삼키고 콩나물에 물을 준다

머리를 쳐들고 발끝으로 서서 당분간 반성은 쉽니다

바쁜 일상이 다시 지속될 거 같네요
물 샐 틈 없는 일정 다이어리가 빼곡하네요
예감처럼 잔뿌리가 무성합니다

따뜻한 물을 마시면 심장이 봄눈처럼 녹고

다시 싹이 틀까 자랄까 꽃필 나 기다려도 될까

의심하는 버릇만 고치면

지나간 것들 사랑이었다 믿게 될까
올 것들에 또 반하게 될까

좋을지 언다 쓸지

확신은 잔인하고* 기대하는 버릇은 해로울 거 같고
의심을 향해 계속 나아가는 건 많이 피곤하고

겨우 얻은 평상심에 질문을 던진다

나는 모른다는 확신을 되풀이할 수 있습니까

* 심리학자 앨런 랭어

카페에는 올리브 빵나무가 자란다

자작나무 정원에는 은하수가 반짝이고
쟁반 위에는 한 그루 올리브 빵나무가 자란다

소설가가 되려고 빵 한 개를 따서 씹는다
시인이 되려고 빵 한 개를 따서 씹는다

아에이오우물우물

시인의 귀가 쑥쑥 자란다
혀가 씹히면 안 들키게 삼켜 가면서

참 고소해

검은 올리브빵을 칭찬하면서
입김을 불어 꺼뜨리지 않게 조곤조곤자근자근잘근잘근

귤색 조명이 올리브오일처럼 유리 벽을 흘러내리고
유리 상자 속 크루아상페이스트리별깜빠뉴멜론빵우유빵소

금호밀빵

흰말 검은 말이 열심히 빵을 뜯어 먹는다

소설가처럼 입이 나부끼고
입이 무성해지고 숲속에서 귀를 잃은 시인이 잠을 툭 엎지른다

나이테가 젖는다 팔꿈치가 젖는다 냅킨이 젖는다

구슬처럼 잠이 굴러떨어진다
폭포처럼 잠이 쏟아져 내린다
바닥에서 바닥 안에서 바깥으로 물밀듯 지구 바깥으로

여름 잠이 파다해진다

내 기분은 만만

장롱이 박 터지게 쏟아 내는 오늘의 날씨는

만만 스물다섯 만만 스물여섯

빨간다리파란다리하얀팔검정팔다리긴빨강짧은파랑중간
노랑줄무늬

나는 농 안이 싫어요 기분이 너무 많아져요

전신 거울 앞에 서서
아래로 건들건들 위로 거들먹거들먹
새 팔다리를 자습하고

핫 둘 셋 엘리베이터 앞에서 숫자를 떼고
오래된 팔다리의 기분을 한데 모아 수거함에 던집니다

하 나 두 울 세엣 넷

날것들의 대열에 껴들 타이밍을 시도하다가
줄 바깥으로 발끝이 튕겨져 나옵니다

난 깍두기만 할 줄 알고요
왼팔로는 깍두기만 집어 먹습니다

긴 줄이 계속 노래를 돌려 대
날라리들은 땅 짚고 팔다리를 푸드덕대

잠옷에 걸어 두긴 아직 이르고
장롱으로 돌아갈 기분 아닌 거 아시잖아요

오늘의 날씨를 빼도 만만 스물일곱 만만 스물여덟
날씨에 날씨가 곱해져 내 기분은 만만해 만만폭우 만만무지개

저녁 하늘엔 새 떼들이 만만만만만 검은 만만만만만 파도

파란 단추

따뜻한 비가 봄처럼 내리는
날씨에게

오늘의 기분은 너에게

겨울 아침에게는
선물이 썩 마음에 들어
귀엣말을 주고

목련이 곧 털 스웨터를 벗어 던질 거 같아
수면 양말을 서랍에 돌돌 말아 넣고

거리에게는 먼저 온 사람처럼 손 흔들어

여기야

심플소잉 앞
물고기키친 뒤

오래전에 기다리던 여름 아이가
작은 물웅덩이에 두 눈을 잘박인다

파란 기분을 한참 풀어도 잿빛 하늘에
하늘로 자라는 검은 나무에 가로지른 전깃줄에

손 넣고 휘휘 저으면

파란 기억이 젤리처럼 흔들린다

오후 3시 한 다발

길가 새똥에서 발견되었다
차도 고라니 배 속에서 발견되었다
광장 한가운데 사람 무더기에서 발견되었다

고양이를 따라가 고양이를 따라 돌아왔다

어디 갔다 왔니

그만 흩어지자고 물로 반죽하면 물만 남아
아교와 섞으면 아교만 남아

점성이 아주 없거나 못 견디는 물질인가
분해를 본성으로 한다면 다양한 조립법을 시도해

X를 잡아당기다가 중앙도서관 입구 원뿔에 꼭짓점에 걸렸다

유리 새와 유리 시계 가족공원에 수국 햇살에 부들 바람 식

료품점에 포마토와 톰테이토 칠월 하늘에 흰 비둘기 재 비
둘기 섞어서 오후 3시 한 다발로

어떻든 데리고 살 유기하지 않을 방향으로
저어 식어 가는 향기는 오래 남을까

날아갈까

하늘에 새들 흐르고 우유빵 한 덩이 가만 부풀고

2부

내가 많아서 좋아

먼저 가라 나중 가라 아침이 걸어갑니다

하나 둘 둘둘 넷넷

업은 해가 발목을 잡고 늘어지면서
쪼개지는 나무젓가락

다리가 부족해서 따라왔니

나가 붙박아 둔
너가 붙어먹은 숙주와 기생

어깨동무할 수 없는 우리는

각자 서서 또는 누워서
수직을 고집하는 풍경입니다

정오의 합을 지나

멀어지자고 약속한 저녁이 오고 있습니다

나의 페르소나여

밤은 또 어떻게 수습할까요
분열된 우리들 빛의 왕국에서 무수히 태어날 텐데요

내가 많아서 좋아
나도

다리가 많아서 슬픈 생각이 무궁해도
다른 각도로 모여 다 우리니까
아주 흩어지지는 않으니까

익숙해지지만 지루해해지지는 않습니다

손을 꼭 잡고 밤을 눕기도 합니다

수용 생활

냉장실 장기 투숙으로 눅눅해진 김을 굽다가
유리창 밖 사우나 굴뚝 흰 연기를 물끄러미 본다

타는 냄새를 끄고

유대 사람이 되어 잠긴 문들을 보며
찬 베란다 바닥에 무릎을 끌어안고 차를 마신다

아우슈비츠의 굴뚝에서조차도 고통들 사이로 잠시 쉬어 가는 행복이 있다*

생활이 기도가 되면서 기도가 생활이던 날이 빠르게 지워졌고
벽에는 지문처럼 보이지 않는 무늬들이 생겨났다

규칙적으로 빨래를 돌리고 봉제선을 맞춰 옷을 개고 구겨진 돈을 다리고 절집처럼 먼지를 닦아 내고 기도를 잊은 제사장처럼 불을 켜 놓고 잠이 들었다

출구는 화장터의 연기 하나밖에 없다
검은 새벽을 지키는 새가 흔들어 깨웠다

배고파 우는 거 같진 않았고
죽음처럼 낮은 노래를 자기에게 불러 주고 있었다

* 임레 케르테스의 소설 『운명』에서

두부 밤 고양이 그리고 다정

삶은 두부를 나란히 썰었다 나란한 건 괜히 슬프다

비스듬하게 서로의 몸을 포개어
서 있으니 고체인가

접시를 바닥이라 믿으면 단단해 보이기도
바닥을 버리면 곧바로 스러질 액체처럼 불안하다

고체가 아닌 거 같아서 거리를 쏘다녔다
심야 편의점에서 젊은 남녀의 웃음소리에 치여 얼른 이불
집 간판에 뜬 달 얼음을 떠먹다 유성처럼 빠른 배달 오토바
이를 피해 검은 골목을 고양이처럼 빠져나와 파란 달이 일
그러지는 분수대 모텔 파라다이스 외벽을 도는 은하수 길
이 다정해 더 먼 순례를 떠날 수 있을 거 같아서

팔 층 높이로 자라난 새벽 기류를 타고
여름내 열려 있는 아파트 복도 알루미늄 창틀을 넘어 이중
창 틈을 미끄러져서 편백침대로 돌아와

내 옆에 고요

편백이 등에 배기는 걸 보니 고체였나
모로 누워도 단단해지지 않는 고체

고체를 더 확실하게 해 주려고 새벽 공기에 간수를 부었다
이중창 틈을 조용히 닫아걸고 편백침대를 바닥으로 밀며
두부의 체온으로

접시 위에 두부 한 모가 음전하게 흔들린다

전갈의 밤

천 개의 가시에 별이 떨어진다

가시관을 쓰고 양팔을 올려
먼바다가 몰고 오는 안개를 받는다

사막 비탈에 뿌리박으려 무수한 밤을 전갈처럼 쏘다녔다

은하수가 점멸하는 빈 술집 앞을 서성이다가
편의점에 앉아서 편의점이 없는 도시가 있을까

내가 있어서 사람이 없는가
문 닫힌 지하 노래방 계단에 앉아 지상의 평화를 부르다가
내가 죽을 거 같아서 푹푹 빠지는 모래를 밟아 꼭대기를 찾았다

도시 골목마다 안개가 푸른 뱀처럼 드러눕는다

자욱한 불빛이 내려다보이는 저기에 무덤을 팔까

재건할까 태양의 속도를 늦출 수 있을까 이 밤을 이겨 볼까
모래바람이 불면 다 끝날까

순례하던 질문들이 조용히 젖는다

가시 그늘이 순한 대답을 줄지
가시도마뱀이 젖은 발등을 핥아 줄지

물사슴처럼 말 우물을 마시며 눈은 벌써 젖어 있을 것이다

세상에서 가장 느린 밤을 보내게 될 거라고

벌새나방이 꽃꿀처럼 따뜻한 귓속말을 부어 줄 것이다

03

기다리는 사람처럼 베란다 침낭에서 잠이 들었다

텅 빈 우수관을 살살 깨우는 복화술

유리문에 사선으로 실금을 긋는 빗소리
대답하듯 조금 열어 한쪽 팔을 내밀었다

맨살에 닿아 가만 흐르는 찬비에
귀밑이 달아오르고

가렵다
새벽기도를 나가는 젊은 여자의 발소리를 듣는다

미열이 가시지 않아 냉장고를 열었다
전등만 환한 빈방이다

찻주전자를 켜 놓고 잊었다

아직 겨울인가

서성이며 기다리는 마음인가

고백을 늦추려는 사람처럼

잠들기 전에 닫아 둔 자기만의 방*을 열어 둔 채

아기처럼 나를 안고 다시 잠이 들었다

* 버지니아 울프 수필집

시인의 방

시시한 일이다

횡단보도 정지선을 밟아 버렸다
공모전에서 물을 마셨다

집까지 푸른 신호만 겹쳤는데 로또에 당첨되지 않았다
비가 들이치기 직전 베란다 유리문을 닫았다

빗방울을 나눠 마시면 우리의 아기가 생겨날 거란 생각을
했다

너의 왼발이 먼저 문지방을 나서면 떠날까 봐
오른발을 자르는 실수

내가 더 많이 사랑한 거 같아 속상했다

노을이 붉다는 말
와인이 향기롭다는 말 오늘도 내가 먼저 꺼내 마셨다

기다리면 자연히 깊어질까 날아갈까

사소한 신경증

별이 와서 자꾸 밤을 켜 드는
바람이 자면 바람을 만들어 사는

바람에 흔들리지 않는 촛불을 가진 사람들 근처에는 가지
않았다

옹이에 바람결을 새겨 넣은 편백침대에 등이 배겼다

스물씩 아흔아홉 번을 세도 잠이 오지 않아 억지로
너를 생각했다

썼다 지웠다
잠을 엎지르면서 새벽이 오고 있다

기분이 부서질까 봐

국숫집 창 안에 들어앉았다
접시 둘레보다 큰 부침개가 나왔다
오후 세 시가 이렇게나 맛있다니 웃음이 터져 나왔다

접시 바깥의 원만큼 기대 이상이다
우리가 부서지기 전에 젓가락으로 부침개를 잘랐다

다음엔 무얼 하지

연인도 아니면서 유리창에 입김을 모았다
이런 기분은 첫눈이 올 거 같다면서
한 사람이 말을 던져 한 개의 기분이 생겨났다

기분이 부서질까 봐

창밖에는 바람이 불고
기대 바깥에 진짜 눈이 날린다
나가지 않고도 두 개의 심장이 눈 속을 뛰어다녔다

체온이 모자라서
우리는 부서지지 않았다

기분을 모으면 눈이 튀밥처럼 날아다녔고
온도를 모으면 눈동자가 바람을 따라다녔고
소리를 모으며 함께 조용해졌다

뭐 어때

첫눈은 뭉치는 게 아니라서
바깥을 나다니는 사람들도 눈사람을 만들지 않았다

아무도 부서지지 않아서
다음에 또 보자며 부서졌다

흰 산

온몸을 굴려 경사면을 올라가는 눈사람인가
칼잡이인가

눈길을 양탄자처럼 말면서
차례로 나무들의 뼈를 바르며 오르고 있다

어제는 흙덩이처럼 멎어 있어
바람에 밀려 굴러떨어지는 줄 알았다
덜덜덜 굴러서 단숨에 내려올 거면서 꼭대기를 꼭 찍는다

박수를 쳐 줄까
소리에 부서지는 눈사탕은 아니었으면

뒷짐을 하고 고개 숙여 눈을 뒤집어쓴 바쇼* 같고
샴발라**에서 온 노인 같고 붉은 잇몸에 막대 사탕을 문
아이 같다

하루만 반짝이다가 아이스크림처럼 녹아내릴 설산을

아파트 높이 동산을 천해고도를 넘듯이

겨울 아침을 온통 굴려 올리고 있다

* 하이쿠 시인
** 티베트 불교에서 믿는 낙원

흰하루살이

소리 없는 왁자지껄 눈부신 거리로 나갔다

검은 코트를 입은 여학생이 마주 오면서
인사를 한다

눈으로 웃는 표시를 했다

검은 마스크가 입을 가로막고 있어서
나를 아느냐 묻지 않아도 얼굴을 기억하지 않아도 되었다

자기 외로움을 본 것 같아서
갑자기 외로워졌다

미국선녀벌레가 날고 있다

어깨 위에 앉았다 구상나무 공원 벤치에 옮겨 앉았다
자기 한숨에도 금세 날아오르고 내려앉는다

세상 가벼움에 왜 눈물이 났다

가벼운 것도 쌓이는구나
언 손으로 살살 눈을 움켜쥐다가

왼발 오른발 눈밭을 일구듯
꼬리 없는 흰 개처럼 운동장을 파고 다녔다

흰하루살이 떼가 바짓단에 와글와글 달라붙는다

생크림 운동장이에요

여섯 개의 골대는 나를 위한 놀이터

혼자 하는 게임 규칙은 불규칙해도 돼

슛을 못 해도 좋고
슛을 해서 더 좋은 아침 해를 던져 넣는다

백보드에 맞아 튕겨 나오는 해를 잡아 바스켓에 던졋—미끄럿——— 테두리를 돌앗——들어갓———공중에서 해를 잡앗————끄러진—연속 세 번 슛 세 번을 미끌———
_____

지루해지기 전에 딱 열번 더 미끄러졌다
열한 번째의 공은 내일의 해가 다시 뜰 거니까

눈밭을 공 굴려 걷는다 살살 뛰어가 본다

발끝으로 굴려서 토성에 가다가

스륵 무너지는 흰 띠

가도 가도 지구 생크림 운동장이다

흰 생크림케이크에 양초 한 자루가 빛나고

나는 생크림을 핥아 먹는다 흰 개가 와서 핥는다

해는 점점 머리 꼭대기로 멀어지고 배도 고프고

집에 자꾸 가까워지고 있다

흐르는 사람들

여기 체육공원에는 청동 구멍이 살고 있다

한쪽 팔은 횃불을 치켜들고
한쪽 팔은 대리석 원기둥 바닥을 딛고
절반으로 서 있는 온몸이 구멍 구멍사람이다

구멍이 구멍을 견디고
구멍이 구멍을 지지하는 풍경이다

눈 꽃잎 먼지 별이 다니는 길
바람이 공명하여 구멍이 구멍을 위로한다

자기 구멍에 대 보고 숨을 뱉는 사람
노래가 많아서 천일야화가 양방향으로 흐르는

거기 구멍을 막고 서 있는 구멍 없는 사람은요

여긴 흐르는 사람이에요

종일 얘기하고 내일이 궁금한 사람들 백과사전 역사책 말고 풍경을 만드는 사람들이 매일 먼지를 털고 있다

3부

지구 바깥으로 간 행주

짜도 짜도 손바닥에 물기가 돌아서
바깥에 널었다

지구 바깥이라 좋니

행주가 한 말은 아니고
내가 한 말도 아님

행주도 안에서만 하면 그러니까
분홍 머플러처럼 펄럭이는 날을 봐야지

많은 행주를 써 봤지만
길들이기가 쉬운 것만은 아녔다

식탁에 엎질러진 김치 국물이나 훔치면 좋았지
흰 셔츠에까지 묻혀 생활만 남겨야 했니

가끔 바닥을 닦아서 나도 미안해

걸레가 안 보였다고 변명하는 게 아냐
잠자코 깨끗이 빨아서 햇볕에 바람에 널 놓아주잖아

물 마를 새 없던 주방은 깔끔히 잊고
어디서든 구김살 없이 그랬던 행주로서!

새 행주가 뻣뻣하지만 곧 그만해질 것이므로

왜 여기도 괜찮아

내가 말했다
행주가 말했다

십이지

말고기는 먹지 마
나 말띠잖아

개고기도 먹지 마
나 동자승 꿈꾸고 귀하게 태어난 몸이야

말띠 남자와 살면서 말고기를 금하고
절에 갈 때에나 교회 갈 때에나 개고기를 금하고

남자는 내 조상이 되었다

어제는 소고기 육회를 먹었는데
저 남자 소띠면 어떡하지
닭을 사랑해서 케이지 만 평은 먹어 치운 거 같은데

남자는 자꾸 내 나이를 묻는다

말할 수도

말 안 할 수도 없고

주기가 점점 짧아질 거 같은데
생쥐부터 땅돼지까지 열두 달 내내 사랑할 거 같은

예감은 틀리지 않는다

사랑할 수도
사랑 안 할 수도

엉거주춤 사랑을 피해 다녔다

제사

나는 죽었습니다
내 무덤에 놀러 오세요
오래전부터 기다리고 있습니다

보통은 혼자를 고집하지만
바람이 동쪽을 향해 부는 날에는

이런 솔깃한 제사를 보여 드리겠습니다

짐승보다 못한 놈을 줄까
세상에서 가장 독한 놈을 줄까
달은 하얗게 웃으며 귓속말을 살살 흘려 넣고요

성냥 한 개비로 충분한
나는 미농지보다 얇아서 말입니다

글쎄요 그렇다면요

칠월의 물방울처럼 가볍다면요
발끝을 비벼도 달아오르지 않을 거면요
머리카락을 세며 놀아도 지루하지 않을 달력처럼 정직한 게 좋아요

아니에요 아니에요
짐승의 짐승 나를 주세요

내 무덤은 내가 팠습니다

새까만 그믐에 침향을 사르며
천 일 동안 물을 준 손톱 발톱으로

내 혀는 쭉 빠졌고요
두 귀는 은밀한 대숲

나는 엄마를 버린 송아지처럼 단단합니다

꽃과 생활

죽은 시인의 초판본 시집에서 빵 냄새가 난다

불편한 이 집에는 야생효모가 살아 숨 쉬며
살아 있는 날들을 죽을 것처럼

없는 것을 욕망하고 사람을 욕망하고 아이들에게 파먹히고
하루 세 번 쌀을 안쳐 밥을 파먹고 지겨우면 반찬도 두루 차려 먹고

조금씩 죽어 가면서
자글자글 살냄새를 눌어붙여 느리게 책장이 넘어갔다

먼 기억들이 박물관처럼 깨어나면서 다른 세계들이 부풀어
오르고
꺼져 가는 슬픔 죽어 가는 죽음에 빠져

죽은 시인이 빵을 굽는다

일용할 하루가 검게 타거나 우연히 잘 구워지거나
생활은 평등하게 익어 간다

시인은 꽃 피듯 노래하고 춤추듯 그릇을 씻어 말린 후

촉촉한 밤을 뜯어 먹는다

꽃과 생활

남들 다 본 영화를 철 지나 보았다
안 보면 말할 수 없고 보고 나면 말할 게 없어

자주 속았다

남들 다 하는 연애도 못 해 보면
죽을 수도 없을 거 같아서
애인을 만들어도 죽지 않으니까

엔드리스 러브

요즘 잘 안 하는 끝까지
너랑 갈게

안 하면 다 궁금하다
하고 있으면 계속 지루해져

꽃은 일 년 내내 피었다

꽃집에서

물속에서도 시드는 나
물이 말라야 잔뿌리를 내리는 너
우리 참 잘 맞아 그러니까 한 다발로

집 구석에서

꽃과 생활

모서리 끝을 마주 잡고 우리는 이불을 털었다
끝을 굳게 믿는지 너는 이불을 잡아당겼다

이불 꽃들이 그쪽으로 둥둥 떠내려갔다
힘껏 당기자 떠다니던 꽃들이 이리로 오고 있다

내 입술을 뭉개고 있잖아 네 입술이

얼굴을 붉히면서 너는 끝을 놓치고
쏟아지는 꽃잎을 잡으려다가 나도 손을 놓치고

꽃잎을 뒤집어쓰고 서로 웃다가 동그랗게
웃음을 가두고 입술을 조금씩 깨물어 먹는 이불 속

이불에 묻은 입술들 숨이 막혔다
산수유자목련분홍미선나무개복숭아네모네별꽃나리꽃개나리진달래
꽃을세다가입술을세다이빨을세다가꽃을먹다입술을먹다

가이빨을먹다

토 나와
우리 이 속에서 죽을 거 같잖아

네가 먼저 이불을 조금 찢었다
네 눈을 흘겨보면서 나는 이불을 꿰맸다
내 눈물을 보고 웃으면서 너는 이불을 북북 찢었다

불꽃이 활활 타오르며 눈물을 말렸다
소리 없이 사월이 호수 위를 하얗게 덮었다

참외꼭지전쟁

나는 참외 꼭지부터 먹는 사람
너는 참외 꼭지부터 먹는 사람
참외 꼭지 한 개가 남아서 한 사람이 먹었다

공평이 티 없이 흔들렸다

먹어도 먹어도 참외 꼭지가 남아서
안 괜찮으니까 너 다 먹어 참외 꼭지는 꼭 참아야 하는
주먹이 아니고 사랑은 주는 거니까

전쟁을 시작했다
싸우기에 정말 좋은 날이다

한 개의 참외 꼭지를 던져 한 개의 참외 꼭지가 날아왔다
두 개의 참외 꼭지를 던져 수박만 한 참외가 날아왔다
한 개의 수박을 던져 수박 한 트럭이 굴러왔다
수박 한 트럭이 굴러가서 탱크가 굴러왔다
탱크가 굴러가서 미사일이 따라왔다 지금까지 따라다닌다

뼛조각 쇠붙이는 여기 여기 붙어라
콩새들 콩마당을 토끼들 귀 무덤을 쌓아라
노래가 빙빙 지구를 돌린다

우리는 나란히 지구를 걷는다
한 알 참외씨를 주워 후후 재를 날린다

품의서

부부장님과 사귀었습니다
남편이 되더니 가부장이 되셨습니다

귓속에 달콤한 가짓말 한 숟갈씩 흘려 넣고
천날만날 팔짱 끼고 계신

여보 가부장님아
가짓말에 가짓말 좀 그만 낳으시고
우리 아이를 씻겨 기릅시다

박 과장이 밥그릇에 손댔다고 반찬을 미워하십니까
부장님 짜증에 내 얕은 잠을 질투하십니까

징징대시는 가부장님
둘도 없이 가장적인 사람아

엄마는 집에다 곱게 모셔 두고
님이 곧 아빠라 불릴 걸 뼈에 새기고

장가를 왔어야 했습니다

술병에는 오이 조각이 제짝입니다

저를 퐁당 하시고 뚜껑은 왜 꽁꽁 닫으시고
어지럽게 흔드시며 지구의 자전을 가르치시려 하십니까
왜 빤히 들여다보다가 손가락을 탕탕 튕기십니까
나는 죄수도 요정도 벼룩도 아닙니

다만 미안합니다만
결재받아야 외출 되는 김 대리
맞아야 말 잘 듣는 말단이 아닙니다

안 됩니다
모릅니다만

어젯밤 쾅쾅 두들겨 패 놓으신 북어는 진하게 고았습니다
이 아침에 한 사발 죽 들이켜시고
안녕히 다녀서 다시 오지는 마십시오

전쟁은 적군이랑만
나는 사랑과 평화가 아닌 건 사절입니다

밤에는 구멍 난 양말을 깁는 게 젠장 나은 선택입니다

승인을 요청하나 없어도 실행합니다
퇴직금은 온라인 빠른 송금 부탁드립니다

파이팅 크리스마스

밥숟갈 위에 생선 가시를 올려 주는 남자
밥그릇 안에 모래를 덜어 주는 여자가 손잡으면
아이들이 뛰어다니는 집이 됩니다

한 아이는 변기 속에서
한 아이는 지붕 끝에서

눈은 언제 오나요

기도를 안 해도 아빠는 살아 돌아옵니다
오늘도 무사히 엄마가 술병을 세고 있습니다
나는 책상 밑에 들어갈 시간

기도합니다
이웃집에는 벌써 눈이 온다는데
흰나비 떼처럼 예쁘면 속상할 거 같다고

반복을 해야지 의심을 못 하게

기도를 기도합니다

어디 기도만 그런가요

겨울이 따뜻해서 의심스럽다면 찬 여름은 어때요
방바닥에서 물이 솟고 장미 꽃잎들이 문지방을 넘나드는

솟아날 구멍은 우리가 파야겠지요
기도는 내가 파는 구멍입니다

먼지가 흰 눈이 될 때까지
거미줄이 눈썰매가 될 때까지 싱크대에 쌓인 쥐들 위에
흰 양털 이불이 덮였다 믿는 자세입니다

먼지로 그린 기찻길이 그림이 되는 언덕에
과자 집을 짓는 아이가 과자 부스러기를 뿌립니다

할머니 서랍에 차곡차곡 쌓입니다
단풍나무 옷장이 하얗게 지워집니다
새파랗게 웃으며 아이들이 개처럼 뛰어다닙니다

천연굴

한걸음에 이륙해 정수리가 천장을 박아
높아지지 않아 다리 허리를 곱게 접었다

한 아이가 끓는 기름 솥에 얇게 썬 사과를 튀긴다
열 손가락 사이로 흰 반죽이 새고 다른 아이가
침을 흘려 묽게 만들고 있다

솥단지를 싸고도는 아이들 표정
꺼내 줄 생각이 없는 반죽 그릇을 치우려다가

끼워 주지 않을래
나도 엄마 될 생각이 없는 거 같구나

손가락들 사이를 빠져나온 반죽이 몸의 곡선을 뜨고
발바닥에서 수평을 만들다가 낮은 데로 흐르는 밑 빠진 바
닥에서

서로의 얼굴에 손바닥을 새기고 갯벌 체험에 아빠가 빠져

서 심심해 아빠 두꺼비는 일 층 현관을 배로 막고서 진흙탕을 가두어 보존하잖니 잘 자라서 더 먼 바닥으로 전진하렴 종유석처럼 얌전하게 굴어야 천연덕스럽게 동굴이 시작되는 거란다 고분고분 떨어져서 위로 자라 올라야지 바닥이 깊을수록 큰 기둥이 되지 주랑의 높이 두께 개수로 시간을 측량할 수 없게 냄새를 지우자 애들아 어서 씻어야지 무엇보다 동굴의 완성은 탐험 자 사람들이 몰려올 수 있게 아빠를 빼 버리자

4부

운동장

흰 바탕에 무선 공책이고 왼편에 전봇대처럼 세로줄 하나 서 있다

전봇대 오른쪽으로 바르게 써 나가면 첫 번째 줄이 생긴다
까만까만새까만 새가 전깃줄에 나란히 날아 앉는다

두 번째 줄이 전봇대 왼쪽으로 조금 삐져나와
처음 줄 맞춰 서던 하루가 하지 볕에 뱀처럼 늘어졌다

전깃줄이 하늘로 살짝 당겨 올라가 까만 새들이 주룩 미끄러져 날아올랐다 차례로 내려앉았다
두 번째 아이가 얼마나 힘들지 우리들 관심 밖이었고 선생님도 그랬을까

세 번째 이야기는 전봇대 왼쪽으로 아까보다 더 삐져나왔다
서너 번째 아이는 장난을 팔아 뒤에 벌어질 차이를 만들었다

전깃줄을 아래쪽으로 잡아당기다가 까만 새들이 푸드덕 날아올랐다 차례로 내려앉았다 한 마리가 공중으로 사라졌다

꼴찌로 서서 나는 일등으로 넘어져 차례로 아이들을 쓰러뜨리고 싶은 충동을 밟았다

여러 가닥의 전깃줄에 큰까만작은까만보통까만새까만 새들이 점심때를 재면서 삐뚤빼뚤 앉아 있다
선생님은 운동장을 버려두고 교무실로 돌아갔다

전깃줄이 하늘로 자꾸 올라가고 새들이 땅으로 기울어져 간신히 발톱을 움키고 앉아 있다
우리는 배고픔과 자유 사이에서 쿵쿵 발을 굴렀다

이야기는 전봇대에서 점점 멀어지고 몇째 줄인지 진심 까먹었다
우리는 빠삐용이 아니고 교실이 감옥이라도 점심을 먹으러 우르르 들어갔다

5교시 종이 울렸다 새 공책을 꺼내면서 꾸벅꾸벅 졸았다

운동장 위를 덮은 새 떼들이 쏟아질 듯 날고 있었다

차를 마시는 현상

따뜻한 찻물을 부으면 오늘의 습도가 된다

가만히 작아지다가 점점 점이 되다가

물방울처럼 여학생들이 모여들었다
교실 유리창에 받아쓴 손가락 진언들

연아, 남자 조심해 조신해 조심해

깊은 겨울이었고 따뜻한 입김이었다
조짐이었다

돌다리가 무너져도 건너 건너서
불구덩이에 애를 낳고 또 애를 낳았다
불구덩이의 반복

무한에서 빠져나오려고 신을 찾았다

발을 씻겨도 훌륭해지지 않는 남자와 내 하느님은
자주 편을 먹었고 다시 왼뺨을 들이대는
호흡이 계속 어긋났다

무엇을 먹어야 딸꾹질이 멎을지
사르트르는 왜 그리고 아무 대답이 없는지
왜 무소유가 분노를 소유케 하는지

불꽃과 먼지를 오래 생각하다가
안데르센과 웃다가 울다가 오리발이 자꾸만 미끄러졌다

― 왜 차라리 인형 옷을 입혀 놓지 그랬니
― 파랑새가 아니면 자유를 주세요

매일 거울에게 상담을 받고 잠이 들었다

장미여관

나는 지금 장미여관으로 간다

장미여관에 가면 원이가 양손으로 문틀을 짚고 서서 웃는다

장미여관에 가면 엄마가 뻥 튀겨진다

남자와 야반도주해서 애를 데리고 돌아왔을 때
장미여관은 장미여관이 되었다

장미여관에 가서 문을 두드리면 엄마가 계단을 돌돌돌 굴러온다

장미여관에 가서 문을 따고 들어가면
엄마가 누워 있는 장미여관

남자가 떠나간 장미여관 엄마가 따라간 장미여관
문을 닫아도 장미여관 내가 없어도 장미여관

젊은 여자의 목소리가 문기둥에 붙어 있는 장미여관

장미여관에 가자 말하면 잠깐 기분이 이상해지는 장미여관
장미여관에 가자 말해야 장미여관은 장미여관이 된다

뭘 해야 다시 장미여관이 될까
뭘 하지 말아야 사라지지 않는 장미여관

왔냐

장미여관이 철문을 따 준다

검은 피아노 배경에 열아홉 살 장미여관이 꽃핀다

흰 국화를 선물하던 내 사랑의 습관이 살고 있는 장미여관

국화 한 송이 곱게 싸 들고서 손 흔들어

장미여관이요

꽃과 생활

마투그로수 고원에 사는 인디언들이 상대의 나이를 알고 싶을 땐
이렇게 묻는다

당신 생애에 과바꽃이 몇 번 피었나요

기억이 없다는 얼굴 표정에
어머니는 꽃을 좋아하지 않았다

나는 빈혈 든 꽃을 보며 몰래 목화다래를 따 먹고
어머니는 서리 내릴 때까지 터진 다래 속 흰 솜을 뽑고
씨아를 돌려 씨를 빼고 활을 켜 이불에 쓸 구름 솜을 만들었다

너는 꽃이 더 좋더냐
묻기는 했다

어머니의 꽃이 좋더냐는 이름 모를 꽃들 심어만 놓고 대문

밖에 살던 아버지를 빼닮았다는 말 씨 심고 열매 따고 곡식을 끌어 들일 시간을 놓칠까 부러 꽃을 미워했다는 말 꽃 볼 시간을 아껴 먹을 걸 장만하는 사람은 평생을 꽃핀 적 없이 살았다

땀 주름 검버섯도 꽃일까
어머니 얼굴에서 계절마다 피었고 질 줄 몰랐다

시내로 나오면서 손바닥만 한 시멘트 마당에 고무 다라 스티로폼 밭을 꾸몄다 상추를 심고 가을에는 마당비만 한 대궁에서 고추를 따고 배를 갈라 옥상 가득 붉은 꽃밭을 만들었다 버려진 언 화초를 끌어다 방구석에 밀어 놔도 마냥 꽃이 피었다

꽃이 좋은 건지 딸이 좋은 건지
어머니가 없는 방에는 해마다 가지가지 색 꽃이 지지 않는다

꽃을 보러 가는 건지 어머니를 보러 온 건지
화훼단지를 못 지나쳐 몇 년째 꽃 화분을 고르고 있다

음머는 길다

내가 만져 본 동물 중에 가장 느린 건 소다. 소가 정말 느린 지는 소처럼 서서 가만히 보고 있으면 저절로 알게 된다.

울음을 길게 빼는 습관이 있어서
음과 머 사이가 강 건너 마을처럼

머   어   얼

어 나비는 공중에 생쥐는 굴속에 풀무치는 밭둑에 거미는 거미줄에 개미는 개미집에 등에는

쇠등에 올라타야 머에 반쯤 다다라 머를 반음씩 두어 번 더 치켜 울어야 풀을 뜯기 시작한다. 억겁 만겁을 허겁지겁 않고 혀에 풀을 둥둥 감아올리는 슬로모션. 씹고 씹은 걸 다시 씹으며 우직하게 슬로푸드를 완성해 가는 자세. 해가 떠서 질 때까지 한 걸음 한 걸음을 다 밟아 만 개의 이랑을 연출해 낸다.

엄마는 고두밥을 소고집으로 씹어서 스무 고개를 넘겼다. 쉰밥을 물에 빨아 쉰 고패를 여든 고패는 불어 터진 국수를 숟갈로 뚝뚝 떠서 씹지 않고도 넘겼다. 기름진 쌀밥에 소고기를 벼락처럼 들던 아버지를 느럭느럭 삼십 년을 뒤따라갔다. 안으로 안으로만 우물우물하던 부리망을 쓴 입이 쓴 소주를 삼키면 바깥 구경을 나오는 음————머는 길다. 뱀 너무 길다.* 삼만 일천삼백구십 개의 해가 뜨고 지고 바람이 불고 소주를 마시고 아버지를 토하고 소주를 마시고 남편을 토하고 소주를 마시고 개도 안 물어 갈 것을 토하고. 누렁소가 참았던 오줌 줄기를 폭포수처럼 쏟아 낸다.

사춘기 여자아이는 소주 냄새가 싫었고 폭포수 소리는 더 싫었고 나는 술만 마시면 우는 습관이 생겼다. 울다가도 소처럼 웃는다.

* 세상에서 가장 짧은 쥘 르나르의 시

아카시아 향기가 부르는 밤

오늘 밤처럼 진한 아카시아 향기가 났어
친구가 말했다

네 아…? 내 아…버지 그날에는

아버지의 형제들과 아버지를 닮은 조카들 크게 울어야 사는 아내 말하지 못한 딸
곰팡이 냄새 밴 잿빛 방이 있었다

재처럼 누운 아버지

아버지는 소장수였다
아내와 어린 딸들이 놓아먹인 암소를 끌고 나가
국방색 전대 가득 바람을 쏟아 놓고 또 나갔다

바람이 집 구석을 돌아다니며 울었다
찢어진 문풍지 무너진 지붕 모서리 쥐들이 내달리는 바람벽 곰쥐가 물어뜯은 발가락들

어머니 발소리에 땅콩 자루가 높게 자라고
언니들 심장소리에 묘지 밭 참외 수박에 살이 붙고
트럭 가득 싣고 나가서 여태 오지 않은 아버지는 농부였다

내 아버지가 아니다
내 아버지가 아니다 다락방에서 주문을 외는 딸이 있었다

땅을 잡아먹고 고향집을 잡아먹고 딸들을 공장에 잡아먹히고 백구를 잡아먹히고 통째로 잡아먹힌

아버지가 상한 굴비처럼 누워 있다

산란도 반란도 못 하고
찬란했던 날이 하루도 없던 것처럼

기울어진 행랑 흐린 전구
그날에는 어머니 한숨이 향연처럼 타오르고 있었다

검은 정원

고아원장이 되고 싶은 여자아이가 양말 구멍을 들킬까 봐
견학에서 빠졌다는 바보 같은 얘기다

시간이 잠든
블랙홀

구멍을 이겼더라면

칸나가 피고 지고 바나나나무가 하늘만큼 자라고
앵두나무에는 송충이가 삼대 사대 바글거릴까

됐을까

구멍을 막아 도시를 구한 외국 아이처럼
작은 주먹이 훌륭해지는 법을 책으로 배우고

어머니 슬픈 눈구멍 아버지 허파를 관통하는 구멍을
감추는 버릇을 온몸으로 배우고

감출수록 커지는 구멍을 더 오래 배웠다

황소바람이 창호지 문틈에 뿔을 들이밀 때
방과 부엌 사이 대왕 구멍으로 동네 사람들이 개처럼 드나
들 때
아이는 들개처럼 쏘다녔다

들판 구멍이 크나커서 쏘다니기에 정말 좋았다

사루비아

다락방 쥐야
다락방 쥐야 낮의 발가락을 쏠아라
밤이 고요를 몰고 오게 열 가닥 만 가닥 쏠아라

피어라 사루비아
피어라 싱싱한 핏빛 꽃을
다락방까지 자라올라 아무도 들여다볼 수 없게

사루비아사루비아

구석 거미는 물레를 돌리고 명주 그물을 자아라
구석 창밖으로 그물을 던져 꿈을 건져 올려라
돌돌 감아 악몽을 집어삼켜라

독침을 꽂고 사루비아사루비아

주문을 달달 외고 그림자는 살살
부채질해 추를 달아 밤의 다리를 잡아 늘여라

후미지고 검은 구석을 지켜 주세요
햇살을 참아 주세요

회색 먼지야 회색 먼지야 책을 덮어라
회색 나비가 되어 빛 속으로 날아가기 전에

사루비아사루비아사루비아

빨간 밤 달콤한 주문

무화꽃이 피었습니다

빗방울이 주저앉아 날 흉내를 퍼뜨리며 내 이름 불러서

돌아보면 없고
돌아보면 좌판에 물고기 비린내 가득한 6인실

간호사가 레일커튼을 치고
핀셋 끝에 흰 솜을 부표처럼 매달아
범선처럼 부푼 배 위에 꽃 산호를 그렸다

무화꽃이 피었습니다
무화꽃이 피었습니다

눈 감고 중얼거리면 가벼워지는 놀이가 시작된다

수직 상승 하는 파란 고래의 눈동자를 납 화살이 겨누고
가무러지며 붉은 바다가 유리병을 채웠다

지느러미를 주무르며 주린 밤을 연신 퍼마셔도

우리 건배는 가난하고 슬프고 화가 났다

침몰하는 배를 위하여 성호를 긋지 않았다

방생이 자비라 꽃이 없는 장례를 하고
돌아보니 굵은 비가 새벽을 지키고 있었다

비를 타고 오르는 파란을 본 것 같았다

다시 새

새를 보았다
날개를 본 것 같았는데
갈라진 모양이 열 손가락을 닮았다

손가락인 줄 알았는데
유리문을 자국 없이 빠르게 지나가는 그림자

소리가 묻어 있다

울음을 새겨 넣으면 다시
새가 되는

어머니는 잘 웃지를 않아서 누가 죽었다고
크게 울지를 않았다

들릴 듯 말 듯 운다고
천천히 오는 것도 아니므로
아침이 던져졌다

오늘도 무사히 창가에 던져진 새가
어머니 눈을 밟는다

왔니

웃지 않는 새가 내 눈동자를 쪼고
잃어버린 걸 찾듯 부지런히 부리를 놀려
아침이 가고 있다

한 사람을 생각하면서 우리는 고요를 견딘다

새가 앉았던 자국이 조용히 지워진다

나는 울었다
날마다 창가에 앉아 울었다 울 때마다 새소리가 났다

5부

따뜻한 입구

무시할 수 없는 똥입니다만
건반을 밟듯 건너뜁시다

파라솔도미미레시피

빨강똥 파랑똥 하양똥을 건너
바나나똥 감자똥 땅콩똥 팥죽똥을 건너
건너 건너에서 빈 우리의 집이 귤빛을 켜 들고 있습니다

나는 똥을 밟지 않고도 잘도 건너뛰었는데
가끔 무거운 땅이 잡아당겨도 주저앉지는 않았는데
집은 왜 내려앉으려고만 하는지

무너진 벽에 문처럼
나는 서서 슬픈 눈동자를 반쯤 닫습니다

미로 정원이 끝없는 도미노처럼 배열되어 있습니다

어두운 모퉁이를 돌 때는 그림자 허리가 굽고
질퍽한 흙을 밟으면 덜 마른 고개가 절을 합니다

부러진 잔가지들이 똥 무덤처럼 쌓여 있어
따뜻한 냄새입니다

가도 가도 없는 지붕을 순례하는 새들이 땅에 부리를 박습니다

나는 울면서 깨어납니다
너는 다시 잠 속으로 날아오릅니다

방 입구에 방금 도착합니다

이름 없는 사람들

할머니 두 분이 와서는 이웃집 여자
이사 소식을 빵 바구니 쏟아 놓듯 하고 갔다

여자는 순 우리 밀빵을 신자처럼 다정하게 건넸었다
동생과 손가락으로 파먹으며 달콤하고 부드러운 신을 칭찬했다
화가가 그린 머그잔 농산물을 갚아 가족을 만들지는 않았다

주거나 받는 일에는 말 없는 의식이 흐르고

문고리에 걸어 놓은 약속을 슬쩍 벗겨 내는 드라마에는
사람 햇살 꽃 개도 만개하고 서로의 입에 칭찬을 넣어 주기 바쁘다

휴먼드라마를 만드는 데 일생을 바치고선
계절이 와도 싹틀 기미를 안 보이는 휴면사람을 보면서
그래서 천국이 생겨났나 천성인가

그러므로 천국이 없으면 안 되니까
천국은 여전히 불황이 없고 지옥과 같은 맥락이고

생각하는 AI 휴머노이드에게 물었다.

흰 바구니에는 천국에 갈 사람을 담아 주시고
검정 바구니에는 지옥에 갈 사람을 담아 주십시오.

왜 흰 바구니가 비어 있습니까?
- 세상에 똥 누지 아니한 자는 태아밖에 없으며
- 그들은 이름이 없으므로 세상에 존재한 적이 없습니다.

왜 검정 바구니가 비어 있습니까?
- 똥 천지인 이 땅이 지옥이며
- 나 이외에 똥 누지 아니한 자가 한 명도 없습니다.

우쿠가 맛있는 버섯구름을 완성했습니다

우크라이나산 차조와 기장을 사서
비둘기랑 나눠 먹고 있어요
원산지도 안 묻고 쿡쿡 잘도 찍어 먹네요

폭탄이 쓸고 간 잿더미에서 수확을 했을까요

사고파는 일은 참 이상한 약속이에요
수용소에서 사탕을 내주며 돈을 사는 유대 아이처럼

나는 좁쌀을 박박 씻으며 잿빛 빗물을 떠올려요
핏물이 씻겨 나가네요

귀리 보리 현미 수수 팥 옥수수 강낭콩 완두콩 렌즈콩 누에콩 까치콩 병아리콩 호랑이콩 서리태를 섞어 압력솥에 넣고 버튼을 누르면

쿠쿠가 잡곡밥을 시작합니다

         증오 편견 지배 배제   행 적개심
     억   여   가   폭   인 제
    【압 갈 성 혐 부   제 성 종 공 주】
       등   오   장   차 격 성   의
         차별 분노 불신 폭력   별 고정관념

[ ]을 쓸어 넣고 우쿠가 핵폭탄을 시전합니다

치카 핵분열을 시작합니다 치카치카치카치카치카치카
치카치카 온도가 급상승합니다 치카치카치카치카치카
치카치차치카 압력이 급상승합니다 치카치카치카치카
치카치카치카치카 임계점을 넘어가고 있습니다 치카
치카치차치카치카치카치카치카치카치카치카치치카치카

                    시밤쾅!

우쿠가 맛있는 버섯구름을 완성했습니다
방사능 밥을 잘 저어 주세요

잿빛 눈이 펄펄 내리는 아침입니다

신종말론

코로나에 눈을 뜨고
코로나에 잠이 들었다

몰래 숨을 쉬고 숨을 참았다
사랑을 참았다

지구인의 방에 긴 장마가 왔다

비말로 떠 있는 물 위를 눈을 감고 걸었고
눈을 뜨고 두 손을 모았다

예수처럼
부처처럼

팬들이 귓속말로 농담을 한다

지구에 종말이 옵니다
마스크 있는 사람과 없는 사람을 심판합니다

거짓말처럼 종말이 왔다

작은 도시는 춤 없는 카니발을 열었다
큰 도시는 첨탑 주변으로 소리 없는 폭죽을 터트렸다
하트 섬에 많은 이들의 사랑 고백을 묻었다

마스크 쓴 웃음은 살아나고
마스크 쓰지 않은 웃음은 사라져 갔다

마스크가 조용히 지구별을 점령했다

과줄 알바

파도가 누워 있는 바다
소리가 소거된 모래 해변입니다

흑백입니다

해안선과 나란히 선로처럼 줄을 서서 과줄을 나릅니다 첫 판과 끝 판이 안 보이는 과줄판을 받아 넘기고 있습니다 직육면체의 모판을 연상하면서 겨드랑이 불편한 크기 무게면 적당합니다 재질은 자유 3 2 1 0 선택이 끝났습니다 딱히 선택은 아닙니다

맨발이 가려워
죽겠어

발이 빠져 있다고 모래찜질할 수 없습니다 내가 내려놓으면 다음 사람이 두 개의 과줄판을 옮겨야 되는 톱니바퀴 떨어진 과줄은 주워 먹지 마십시오 개미 박테리아 햇살과 바람의 일 이토록 많은 모래의 이유입니다 눈꺼풀이 내려앉

고 사장님은 밥도 안 주고 풀떼기 플랑크톤 에이아이면 또 모를까

밥을 먹으면 감기가 든대

말없이 과줄판을 건네야 합니다 오른쪽에서 왼쪽으로 판이 이동합니다 판이 바뀔 때도 있지만 왼쪽 오른쪽 방향만 바뀌는 판 뒤집어지면 다를까 모래알을 세다 보면 결국 같아져 있습니다 주거니 받거니 쉴 새는 없으나 옆 파도타기 리듬을 만들어 일을 가볍게 처리할 틈은 있습니다 친구가 나의 과줄판을 넘겨받는 중입니다 깃털이라도 무한 반복은 어깨며 밑이 빠지는 모양에 바람이 소거된 모노톤은 계속 졸리고 발은 뜨겁고 땀은 왜 안 나는지 갈매기 한 마리 안 보이고 수박밭이라도 믿어집니다

여기가 바다야?

이유 없는 풍경은 없다지만 상관없이 잘만 나르면 됩니다 옆 사람이 웃어도 놀 생각하면 안 됩니다 쉬는 시간이 없다고 집에 가 버리면 되겠습니까 노크를 들은 것 같다거나 흰 빛이 눈두덩을 때리면 다 된 것입니다 호루라기도 안 불고 점심시간이 온다고 하긴 합니다

이상하다고요

컬러를 바꾸시겠습니까?

모자란움직씨*의 생활동화

내가 빨리 달릴 때 함께 사라지는 개미 지렁이 하루살이 낮은 숨을 쉬는 사람들. 지하철 유리 밖 풍경처럼 어슴푸레해졌다. 가끔 지하에서 나와 선명해졌지만 덜컹거렸고 환영이었다. 더 빨리 달리면 괜찮을까. KTX나 로켓 도착해 있는 햇빛.

지금 열차가 들어오고 있습니다. 내가 서서히 느려진다. 졸거나 잠이 기차처럼 길어질 때 내가 어딘가로 흘러나간다. 들키면 안 되니까 소수점 그램. 느리게 사라졌다. 더 느려지다가 정지한 얼음. 북극곰의 심장.

체육공원에 누워 있는 형식의 소나무를 보았다. 보면서도 자라는 건 나무 그림자뿐. 눕다시피 사는 생명체는 작아도 나의 시작 이전을 가진다. 벼락을 맞아도 이런 개체는 참이다. 허리에 부목을 대 불멸을 만든다.

나는 눕는다. 시위하는 자세로. 하다 하다 나무를 질투한다. 나무도 나를 질투해 주세요. 질투를 주고받읍시다. 서로 구부려져 있으니 공평 아닌가. 빌려 사는 기분을 살면서 완전동사를 꿈꾸는 모자란움직씨. 뉴스에 뜬 깡마른 아이 채널을 돌린다. 여름에도 눈사람을 만드는 사람들을 보고 호흡을 돌린다. 녹는 줄도 모르고 꿔 준 것처럼 살 때도 있었다. 정말인가.

구차해서 돌멩이라도 주워 모은다. 뭐든 모으면 쓰레기가 되고 기왕에 예쁘게 자라라고 매일 물을 준다. 쓰레기가 예쁘게 자라는 산인 섬이 있었다. 밤에는 파란 고래가 머어우 엉우우우웅 낮에는 사방 바다가 물 메아리를 부른다. 등을 만져 주던 햇살이 서쪽 뺨을 쓰다듬어 주는 노래. 그림자가 짧아졌다 길어졌다 눈동자에 어른대는 어른 동화다. 돌멩이가 산으로 굴러간다. 어디서부터였든 판타지다.

언제가 됐든 기가 막힌 타이밍에 평평해지는 얘기다.

* 불완전동사

광명마을에는 바닥별이 산다

반짝여서 해인가 했더니
낮을 걸어 잠그고 잠이 들었다

그래 하늘 높은 별인가
봤더니

밤의 바닥을 맴도는 별이다

밤을 찾는 사람들이 우르르 몰려왔다

별을 밟고 구두가 지나갔다
별을 밟고 워커가 지나갔다
별을 밟고 장화가 지나갔다
별을 밟고 운동화가 지나갔다
별을 밟고 슬리퍼가 지나갔다

맨발로 밟아
밟아밟아밟아 밀반죽처럼 납작해졌다

납작납작 얇아져서
지나가는 것들이 다 비쳐서 유리 거울이 되었다

별에 비친 세상은 빨갈까 노랄까 까말까 투명할까 별에 비친 사람은 착할까 따뜻할까 아름다울까 지저분할까 그래도 따뜻할까? 진짜 별이 된다면 여기에 다시 오고 싶을까 사랑할까 빨리 사랑하고 더 빨리 사랑을 거두게 될까 사랑에는 그리움이 산다는데 그리움이 바닥나 바닥을 맴도는 바닥별이 될까 그리운 게 있으면 새도 되고 꽃도 되고 바람도 되고 비도 된다는데 그리움이 되라고 화분에는 상추가 자라고 담장에는 샛노란 여주꽃이 피어나나

이 이야기는 사랑 얘기다

심장이 가려워서 항해사가 됐다는 이야기 속에는
뜨지 못해 속상한 아이가 살았다

어느 수초에 붕어가 숨어 살고 어느 물살에 피라미 떼가 반짝이며 빠른 전진을 하는지
모래무지가 어느 모랫바닥을 기는지 다 알아도 해 지는 때를 모르고 개울물을 다 퍼마실 것처럼 물속을 살았다

깊어져라 깊어져라 노래를 불렀다 엉덩이를 들썩여 모랫바닥에 붙은 고무배를 띄우고 모래를 파내 배가 엎어질 수 있는 깊이를 만들고 놀고 있어도 심심한 날에는 친구를 데려와 원시인 놀이를 했다 불을 피우고 잡은 물고기 배에 꼬챙이 꿰고 개구리 다리를 구워 손톱만큼 먹고 배부르다고 말하며 웃었다

여름 장마의 끝에 개울둑에 서서 손금을 지도처럼 펼쳐 놓고 봐도
알 수 없는 저 끝없음이 항해사를 꾀었다

물고기가 튀어 오르고 검은 물이 큰 뱀처럼 꿈틀댔다

처음 보는 바다야
심장이 물고기처럼 뛰어 팔을 깃발처럼 펄럭였다

미루나무 밑동에 나일론 끈을 묶어
한 손에는 끈을 잡고 한 손에는 고무 대야를 들고
아버지 모르게 이 대야를 물 세상에 띄웠다

바닥이 사라진 바다를 다 가진 것 같은 키잡이가 되어
바닥에서 배운 균형 감각으로 온몸을 맡겼다
탯줄처럼 잡은 끈을 감았다가 풀었다가 아주 떠나지는 못했다

모자를 흔들어 항해사를 떠나보내는 마을 사람도 없었고
울고불고 말리는 어머니도 없었고 무엇보다 검은 구름이
잔뜩 껴서 첫 항해를 끝으로 꼬마 항해사는 꿈을 접었다

항해사는 사랑했다

아이 몸무게를 이기지 못한 물, 자기를 씻어 기른 얕고 넓은 개울물을
큰 물로 데려가지 못한 빨간 고무 대야를 할아버지 아니 할

머니가 되어서도 사랑했다

밤에도 대야를 타고 놀자고 크게 뜨고 보는 둥근 달도 사랑했다

무당거미가 이사를 갔다

밤새 비 오더니 옆 동산 나뭇잎들이 반타작이다

거미줄에 뭐가 달렸나
줌인 해서 봤더니 참 한심해

껍데기만 잔뜩 매달아 놓았다
노랑줄무늬곤충배거미다리한짝외눈달린머리통반의반쪽
날개신원미상껍데기햇살알갱이옥상풍향계바람

니 껍데기다 이눔아

어머니가 옷을 벗어서 던진다
어머니가 춤을 추면서 옷을 던져서 쌓는데
방석 높이로 의자 높이로 모자 높이로

높이
높이
높이 모자가 날아간다

참신해

돌아오면 진부해지는 거지
걸어오면 더 크게 망하거나 시시해져

밤새 모자를 날렸습니다
눈알날갯죽지열손가락 다 아팠습니다

여기가 유리문 밖인가요 안인가요
아닌가?

이러면서 무당이 되는 건가
벌렌가

페르소나

부자의 상은 아니다

가난한 얼굴

마음이 가난하여 빛나는 눈은 있기는 했지

먹을 거 입을 거 잘 곳은 있는 가난

예수보다는 부자네 공구 모니

나도 제자가 많으면 좋을까 도망갈까

돈키호테처럼 한 명이라도

내게는 제자가 없다 말한 소크라테스는 인류의 스승이 되었다

동생과 나

갈 데 없는 두 사람이 서로 바꿔 가며

하루는 제자가 됐다 하루는 스승이 됐다

혀는 상상한다

밥 대신 알약을 먹겠다던 십 대가
세계의 요리책 사진을 보고 맛을 상상하며 죽음을 보류시켰다

세계 요리의 반의반의 반반반도 못 먹어 보고 반세기가 갔다

햄버거 콜라 베이컨 핫도그 프라이드치킨 바게트 크루아상 마들렌 카망베르 뱅쇼 초콜릿 파스타 피자 슈니첼 퐁뒤 케밥 카레 짜장 짬뽕 탕수육 딤섬 마라탕 똠얌꿍 스시 소바 라멘 우동 쌀국수 평양냉면 홍차 커피 평범한 입까지 도달한 세계 음식에 감탄했다

모로코 좁쌀 모양 파스타로 만든 쿠스쿠스샐러드 이집트 비둘기 요리 하맘마슈위 칸이 먹은 돌찜 양고기 허르헉 프랑스 야채구이 라따뚜이는 일류 요리사를 꿈꾸는 생쥐 레미 폭죽이 터질 거 같은 게살 요리 푸팟퐁커리 하노이 노란 쌀부침개 반쎄오 맛을 언제 볼까 서교동 중식당에 가서 불

도장에 홀딱 넘어가 볼까 시력 6.0의 시칠리아 어부가 수면을 노려보고 잡은 황새치 이야기를 베카피코 정어리 요리와 함께 내온다면 죽일까 이제 죽을 수 있을까 일본 매실장아찌 우메보시를 다져 하와이 토란죽 포케에 섞어 먹는 아름다운 요리를 혀는 상상한다

일. 기억에서 꺼낸 원재료를
이. 구이 찜 탕 볶음 튀김 조리법을 선택
삼. 근친 인친 트친 페친 로컬 글로벌 재료를 자유롭게 배합

아는 맛 알 듯한 맛 모르는 맛을 섞어 참신한 맛을 구현한다
그러므로 삶은 지속되고 기억을 이긴다

좋은 꿈을 듣고 싶어 달 얼음 2ts 북극제비갈매기 속 깃털 1개 하와이 킬라우에아 용암 1s 핀란드 숲 황금버섯 3개 알프스안개 0.1mg 유성우 0.5초 너와 나의 숨소리 10데시벨 요리법은 의식의 흐름 난 비빔밥을 가장 좋아하고

매일 저녁 전 당신과 함께 식사를 할 겁니다*

* 영화 〈바베트의 만찬〉에서

오래가는 북극

초판 1쇄 발행 2024년 9월 9일

지은이 | 권혁연
펴낸이 | 장길수
펴낸곳 | 지식과감성#
출판등록 | 제2012-000081호

주소 | 서울시 금천구 벚꽃로298 대륭포스트타워6차 1212호
전화 | 070-4651-3730~4
팩스 | 070-4325-7006
이메일 | ksbookup@naver.com
홈페이지 | www.knsbookup.com

ISBN 979-11-392-2075-9(03810)
값 11,000원

· 이 책의 판권은 지은이에게 있습니다.
· 이 책 내용의 전부 또는 일부를 재사용하려면 반드시 지은이의 서면 동의를 받아야 합니다.
· 잘못된 책은 구입하신 곳에서 바꾸어 드립니다.

지식과감성#
홈페이지 바로가기

이 책은 강원특별자치도, 강원문화재단 후원으로 발간되었습니다.